BEI GRIN MACHT SICH IHR WISSEN BEZAHLT

- Wir veröffentlichen Ihre Hausarbeit, Bachelor- und Masterarbeit

- Ihr eigenes eBook und Buch - weltweit in allen wichtigen Shops

- Verdienen Sie an jedem Verkauf

Jetzt bei www.GRIN.com hochladen
und kostenlos publizieren

GRIN

Matthias Himmelmann, Nicolas Müller, Nils Maikranz

Neue Nutzung für einen ehemaligen Fliegerhorst

Konversion des Fliegerhorsts Erlensee

GRIN Verlag

Bibliografische Information der Deutschen Nationalbibliothek:

Die Deutsche Bibliothek verzeichnet diese Publikation in der Deutschen National-
bibliografie; detaillierte bibliografische Daten sind im Internet über http://dnb.d-
nb.de/ abrufbar.

Impressum:

Copyright © 2012 GRIN Verlag GmbH
Druck und Bindung: Books on Demand GmbH, Norderstedt Germany
ISBN: 978-3-656-33270-1

Dieses Buch bei GRIN:

http://www.grin.com/de/e-book/206272/neue-nutzung-fuer-einen-ehemaligen-
fliegerhorst

GRIN - Your knowledge has value

Der GRIN Verlag publiziert seit 1998 wissenschaftliche Arbeiten von Studenten, Hochschullehrern und anderen Akademikern als eBook und gedrucktes Buch. Die Verlagswebsite www.grin.com ist die ideale Plattform zur Veröffentlichung von Hausarbeiten, Abschlussarbeiten, wissenschaftlichen Aufsätzen, Dissertationen und Fachbüchern.

Besuchen Sie uns im Internet:

http://www.grin.com/

http://www.facebook.com/grincom

http://www.twitter.com/grin_com

Konversion Fliegerhorst Erlensee

Raum für große Träume

Von Matthias Himmelmann, Nicolas Müller und Nils Maikranz

Inhaltsverzeichnis

1. Einleitung   1

2. Geschichte Fliegerhorst Erlensee   1

3. Konversion   2

4. Fakten und Infrastruktur zum Standort   3

5. Wirtschaftsstärke der Region   4

6. Probleme des Standorts   5

7. Nutzung Fliegerhorst heute   6

8. Visionen und Ideen   7
   8.1 Ziviler Flugplatz
   8.2 Freizeitpark
   8.3 Energiepark

9. Machbarkeitstudie   11

10. Fazit   12

11. Quellen   14

1. Einleitung

Viele werden wahrscheinlich mehr oder weniger begeistert die Entwicklung der Ereignisse rund um den Standort Fliegerhorst Langendiebach verfolgt und mitbekommen haben, dass kürzlich die amerikanischen Truppen von dort abgezogen wurden. Nun haben sich neue Gremien und Ausschüsse, bestehend aus Kreistagsabgeordneten aus Bruchköbel und Erlensee, Mitarbeitern der Industrie und Handelskammer Gelnhausen und dem Bund für Umwelt und Naturschutz Hanau, formiert und seitdem wird fieberhaft diskutiert, wie genau diese riesige Fläche nun genutzt werden solle. In diesen Ausschüssen wurden Visionen vorgestellt und diskutiert, dennoch wurden viele dieser Ideen wieder verworfen, weil oft Probleme auftraten, die es unmöglich machten, diese Ideen zu realisieren.

In der folgenden Ausarbeitung werden wir versuchen, die Hintergründe dieser Konversion zu klären und Nutzungsmöglichkeiten dieser Fläche vorzustellen.

2. Geschichte Fliegerhorst Erlensee

1)

Ideen für einen Fliegerhorst zwischen Erlensee und Bruchköbel entstanden im Sommer 1936, nachdem ein deutsches Flugzeug auf Manöverflug eine Notlandung im Bereich Erlensee durchführen musste. Nach kurzen Überlegungen begannen die tatsächlichen Bauarbeiten dann im Jahr 1937. Der angefertigte Konstruktionsplan für den Fliegerhorst war in drei Etappen aufgeteilt und sah eine Bauzeit von 15 Jahren vor. Letztendlich wurde aber nur eine Bauphase abgeschlossen, aufgrund des Ausbruchs des 2. Weltkrieges.

Die offizielle Eröffnung des Fliegerhorstes erfolgte dann am 19.03.1939 und wurde von einem großen Volksfest begleitet, an dem 25.000 Zivilisten teilnahmen. In den Folgenden Jahren des 2. Weltkriegs wurde der Fliegerhorst zu militärischen Zwecken und als Stützpunkt der deutschen Wehrmacht verwendet.

Nach Beendigung des Krieges besetzen die Amerikaner den Fliegerhorst und nahmen notwendige Reparaturen und Umbaumaßnahmen vor, um den Fliegerhorst für ihre Zwecke zu erweitern und umzubauen. (siehe Bild)

Lange Zeit war der Fliegerhorst in Erlensee einer der bedeutendsten Heeresflieger-Flugplätze der Amerikaner in Europa, auf dem mitunter moderne Kampfhubschrauber stationiert waren. Nachdem die Amerikaner im Jahr 2007 Erlensee verlassen haben, steht nun ein riesiges Areal zur Verfügung, welches momentan wirtschaftlich ungenutzt ist. Wir möchten euch nun einen Eindruck vermitteln, inwiefern sich der Fliegerhorst als wirtschaftlicher Standort anbietet und euch eine Vorstellung darüber geben welche Visionen und Ideen bereits entstanden sind und ob diese realisierbar sind.

3. Konversion

Eine „Konversion", wie wir sie mit dem Fliegerhorst Erlensee vorliegen haben, beschreibt im Bezug auf die Stadtplanung die Wiedereingliederung von brachliegenden Flächen in den Wirtschafts- und Naturkreislauf oder die Nutzungsänderung von Gebäuden. Zu Beginn des 20. Jahrhunderts bezeichnete der Begriff „Konversion" meist die Umwandlung von Flächen *für* militärische Zwecke, später wurde er im Zuge der Umnutzung *von* ehemaligen militärischer Anlagen (Konversionsflächen) für zivile Zwecke verwendet.

Der Begriff kann auch im Zusammenhang mit einer baulichen Wiedernutzung (einer sog. Inwertsetzung) oder einer freiräumlichen Folgenutzung (Revitalisierung) stehen.

Die Konversionsfläche Fliegerhorst Erlensee lag seit dem Abzug der Amerikaner Ende 2007 über 4 Jahre lang brach und erfährt nun bald eine Umnutzung. Die Fläche wird demnach nicht mehr für militärische Zwecke, sondern für zivile Zwecke zur Verfügung stehen. Somit kann das Gelände wieder in den Wirtschafts- und Naturkreislauf eingegliedert werden.

Militärische Liegenschaften wie auch der Fliegerhorst Langendiebach sind vom Deutschen Reich bzw. der Bundesrepublik Deutschland erworben worden. Seit Gründung der Bundesanstalt für Immobilienaufgaben (BImA) gehören sie dieser bzw. die Liegenschaften werden der BImA von der Bundeswehr übertragen.

4. Fakten und Infrastruktur des Standorts

Der ehemalige Fliegerhorst erstreckt sich nun über die Gemeinde Erlensee und die Stadt Bruchköbel, liegt etwa 25 km östlich von Frankfurt und ist in unmittelbare Nähe zum Zentrum der Stadt Hanau. Während die Gemeinde Erlensee 150 ha des Gebiets beansprucht, sind die verbleibenden 80 Hektar sind im Besitz der Stadt Bruchköbel.

Eine weitere Besonderheit des Standorts ist die große zusammenhängende Fläche, welche einzigartig im gesamten Rhein-Main Gebiet ist.

Die Eigentümer des Areals, die Stadt Bruchköbel und die Gemeinde Erlensee, werben bei möglichen Investoren mit der eben genannten großen Fläche, der zentralen Lage und den guten Verkehrsanbindungen, welche den Standort sehr attraktiv machen.

Zu den Verkehrsanbindungen lässt sich sagen, dass der Standort innerhalb weniger Minuten zu erreichen ist. Dies wird durch die nahe liegenden Bundesautobahnen A-66 und A45, sowie durch die Landesstraße L3191 gewährleistet.

Des Weiteren liegt bereits ein eigener Gleisanschluss, welcher bei Ausbauarbeiten über ein großes Entwicklungspotential verfügt würde, ebenso wie ein ICE-Anschluss am Hauptbahnhof in Hanau vor.

Auch die Lage des Standorts bringt einige Vorteile mit sich und bietet Möglichkeiten zur Umgestaltung: In unmittelbarer Nähe im Süd-Westen des Standorts befindet sich ein Freizeit- und Erholungsgebiet, indem mitunter zwei Badesehen anzutreffen sind. Im Westen nimmt ein Wald große Teile des Gebiets ein. Ein weiterer Pluspunkt ist der große Abstand zu vorhanden Siedlungsflächen, sodass ein möglicher Investor in seinem Handeln kaum eingeschränkt ist.

Anhand der eben genannten Punkte kann man durchaus von einer gut vorhandenen Infrastruktur sprechen, welche auch von der militärischen Nutzung der USA profitiert hat. Hinzu kommt, dass sich der Fliegerhorst umgeben von attraktiven Städten und Gemeinden befindet, welche die gewerbliche Infrastruktur zusätzlich aufwerten.

Der große Abstand zu Siedlungsflächen, die gute Verkehrsanbindung und die große zusammenhängende Fläche ebnen also den Weg für eine wirtschaftliche Nutzung des Standorts und machen ihn variabel und vielseitig für viele unterschiedlich Visionen und Ideen.

5. Wirtschaft im Rhein-Main-Gebiet

Dieser Teil der Ausarbeitung beschäftigt sich mit
der Wirtschaft im Rhein-Main-Gebiet, denn da
der Fliegerhorst Erlensee in dieser Region liegt,
bildet sie den wirtschaftlichen Rahmen bzw.
Anschluss an den Standort.

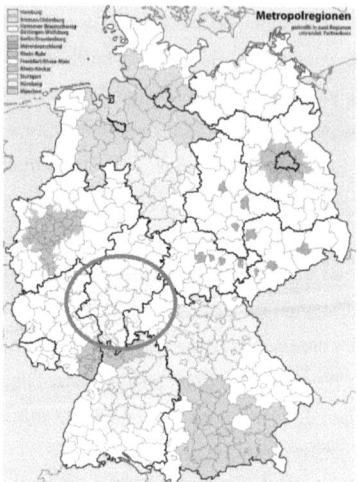

Das Rhein-Main-Gebiet ist eine der größten und
am stärksten wachsenden europäischen
Metropolregion in Deutschland. Es ist eine
Wirtschaftsregion sowie ein städtischer
Ballungsraum am Zusammenfluss von Main und
Rhein und befindet sich im Süden Hessens
sowie Teilen der angrenzenden Länder
Rheinland-Pfalz (Rheinhessen) und Bayern
(Unterfranken)(siehe Karte). Durch die zentrale
und verkehrsgünstige Lage im Südwesten
Deutschlands haben viele Unternehmen aus den unterschiedlichsten Branchen aus aller Welt
hier ihren Standort und beschäftigen insgesamt etwa 5,8 Mio. Arbeitnehmer [3] allein in dieser
Region.

Frankfurt am Main, das Finanz- und Dienstleistungszentrum von Weltrang, gehört mit seinen
Banken und Investmentgesellschaften als Mittelpunkt der dynamischen Wirtschaftsregion zu
den führenden europäischen Unternehmensstandorten.

Die zentrale Lage, die exzellente Infrastruktur mit einem der größten Flughäfen des
Kontinents, die Konzentration zukunftsorientierter Unternehmen und seine Internationalität
geben der Stadt Frankfurt eine Spitzenstellung im europäischen Vergleich. Als Sitz der
Europäischen Zentralbank ist die Stadt außerdem geld- und währungspolitisch von
internationaler Bedeutung.

Im weiteren Umfeld des Rhein-Main-Gebiets haben sich viele Dienstleistungen angesiedelt,
auch die Automobilindustrie ist sehr stark vertreten. Viele davon haben eine Europa- oder
Deutschlandzentrale, oft mit Forschungs- und Designzentren.

4

6. Probleme des Standorts

4)

Das Gebiet des Fliegerhorsts Erlensee bringt für die Umsetzung der geplanten Konversion einige Schwierigkeiten und Hindernisse mit sich. Die meisten davon ergeben sich aufgrund der früheren Nutzung als Militärstandort. So sind beispielsweise noch viele Offiziershäuser, Werkzeughallen, Hangars und Sportplätze vorhanden, die jedoch aufgrund ihres starken Verfalls nicht mehr nutzbar sind und deshalb abgerissen und vollständig entfernt werden müssen. Auch die alten Büroräume können nicht mehr weiter genutzt werden, sie müssen eingerissen werden. Außerdem gibt es auf dem riesigen Gelände zahlreiche unterirdische Bunker aus dem 2. Weltkrieg, die eine Neubebauung verhindern. Dazu kommen noch die Verunreinigungen durch ausgelaufene Öle, Flugzeugbenzin und Lösungsmittel an vielen Stellen sowie die Verseuchung durch Kampfmittel, ebenfalls aus dem 2. Weltkrieg, wodurch hohe Sanierungskosten für den Investor entstehen. Zudem müssen vor den Aufbauarbeiten die großen Asphaltdecken der Landebahnen vollständig entfernt werden, die

5)

einen großen Teil des Gebiets einnehmen. Als eine Gefahr werden mögliche Fliegerbomben auf dem Areal erachtet, denn etwa 20% aller im 2. Weltkrieg auf den Fliegerhorst abgeworfenen Bomben waren Blindgänger, die nun auf dem Gelände verstreut liegen und aufwendig entfernt werden müssen. Es wird vermutet, dass sich heutzutage noch um die 1000 Blindgänger [6]

irgendwo im Umfeld des Fliegerhorstes Erlensee befinden. Auch neue Erschließungsstraßen sind notwendig. Insgesamt muss der Investor auch die kompletten Kosten für das Verlegen von benötigten neuen Wasser- und Abwasserleitungen und für die Renaturierungs- und Wiederaufforstungs-Arbeitungen tragen. Es entstehen also relativ hohe Aufwendungskosten, die laut einer Prognose jedoch von den errechneten Einnahmen gedeckt werden können.

7. Nutzung Fliegerhorst heute

Nach der Besatzungszeit der Alliierten und der allgemeinen Dezimierung der militärisch genutzten, deutschen Fliegerhorste wurde überall in Deutschland fieberhaft nach neuen Möglichkeiten gesucht, diese riesigen, freistehenden Areale zu nutzen. So wurden die verschiedensten Neunutzungen für die Fliegerhorste gefunden, je nachdem wo sie sich befanden.

Die offensichtlichste Variante ist wohl die Nutzung eines Fliegerhorstes als Zivilflugplatz im kleinen Maße. Dadurch wird die Infrastruktur gestärkt und es entsteht eine neue Freizeitmöglichkeit als Sportflugplatz. Natürlich wird so auch die Wirtschaftsfähigkeit der Region verbessert. Ein solcher Flugplatz entstand beispielsweise auf dem Gelände des Fliegerhorstes in Erding, während ein Zivilflugplatz in Cuxhaven und Tegel [7] verwirklicht wurde.

Andere Gelände werden heutzutage als landwirtschaftliche Flächen betrieben. Dadurch wird der Region einerseits durch die neu entstehenden Grünflächen ein höherer Landschaftswert beigemessen, andererseits haben landwirtschaftliche Betriebe auch einen nicht zu verachtenden wirtschaftlichen Beitrag für die Region und sie funktionieren als „ökologischer Ausgleich" für Industriegebiete. Eine solche Idee wurde zum Beispiel in Esperstedt [7] realisiert.

Mit dem wirtschaftlichen Hintergedanken wurden auch viele Gewerbegebiete auf einem solchen Gelände errichtet, versprechen sie den Eigentümern doch große Gewinne. Außerdem gilt, dass wenn sich verschiedene Geschäfte an einem Standort ansiedeln, auch die Region attraktiver wird und somit Immobilienunternehmen mehr Aufträge kriegen. Letztendlich hat also ein Gewerbegebiet, wie es beispielsweise in Langensalza oder Augsburg [7] auf einer Konversion errichtet wurde, einen erheblichen Beitrag zum allgemeinen, regionalen Wohlstand.

Was für mich jedoch die größte Überraschung war, ist, dass sich heutzutage viele Sportstadien auf altem Fliegerhorstgelände befinden. Das ist womöglich auf die freistehende Lage und das große Gelände, das zu einer Konversion gehört, zurückzuführen. Das alte Schalker Parkstadion in Gelsenkirchen-Buer, das Olympiastadion in München und der neue Borussia-Park in Mönchengladbach [7] sind nur einige davon.

Trotz all dieser guten Ideen standen viele dieser Gemeinden, die ihren Fliegerhorst anderweitig nutzen wollten jedoch genauso wie bei unserem Fliegerhorst vor dem Problem, dass sie erst einmal Investoren für eine Sanierung finden mussten, da die Amerikaner diese Gelände weitgehend ohne sie zu reinigen verlassen haben. Es steht außer Frage, dass sie uns im zweiten

Weltkrieg gerettet haben, mir stellt sich aber die Frage, ob sie nicht auch Verantwortung für die Konversionen, die sie besetzt gehalten haben, übernehmen sollten.

Letztendlich wurde keine einzige Schadensersatzforderung von deutscher Seite gestellt und einige Gemeinden mussten ihre Vorhaben vorzeitig aufgeben, weil sich kein Investor dafür bereit erklärte, die Kosten der Bereinigung zu übernehmen.

Nichtsdestotrotz gibt es viele gute Ideen überall in Deutschland, die nur darauf warten, von dem Ausschuss aufgegriffen und auf dem Fliegerhorst realisiert zu werden.

8. Visionen und Ideen

Käme aber eine von diesen gerade genannten Visionen überhaupt in Frage? Im Folgenden werden wir drei Visionen näher vorstellen, die entweder lange Zeit in der Diskussion waren, oder unserer Meinung nach gut zu dem Fliegerhorst Erlensee passen würden.

8.1 Ziviler Flugplatz

8)

Von allen Visionen, die wir in dieser Ausarbeitung vorstellen werden, ist der „Zivile Flugplatz" die wohl einfachste und auch naheliegendste, denn der Fliegerhorst Erlensee wurde schon viele Jahre lang als Flugplatz genutzt, zum Teil von der deutschen Wehrmacht im 2. Weltkrieg als auch von den amerikanischen Streitkräften in der Zeit nach dem Krieg bis zu deren Abzug im Oktober 2007. Dementsprechend wurde die Nutzung von einem Teil des Geländes als Flugbetrieb auch als erstes von den Planern in Betracht gezogen. Aufgrund seiner militärischen Vergangenheit bietet der Standort Fliegerhorst eine gute Infrastruktur für einen erneuten Flugbetrieb. So gibt es viele Anbindungen an den überörtlichen Verkehr, vor allem an das gut ausgebaute Autobahnnetz und sogar einen Gleisanschluss, auch Start- und Landebahnen sind schon vorhanden, diese müssten aufgrund ihres Zustandes teilerneuert werden, um sie den Standards anzupassen.

Auch die Wasser- und Abwassernetze sind veraltet und müssten grundsaniert werden. Ein Flugplatz hat zudem immer Einfluss auf die Region, die ihn umgibt. Zum einen würden die Gemeinde Erlensee und die umliegenden Städte profitieren, denn es würden viele neue Arbeitsplätze direkt am Flugplatz und auch indirekt gefördert werden, denn ein Flugbetrieb belebt nach außen hin sein wirtschaftliches Umfeld, wodurch der Konsum angeregt wird. Weiterhin könnte die Gemeinde Erlensee mehr Gewerbesteuer einnehmen. Mit ca. 15 Millionen Euro Investitionskosten [9] ist diese Vision zudem preiswerter als andere, was zum Teil an der schon vorhandenen Infrastruktur liegt. Aufgrund der wirtschaftsstarken Rhein-Main-Region ist auch der Markt für ein solches Projekt vorhanden.

Bei genauerem Hinsehen ergibt sich jedoch das Problem, dass es in der Rhein-Main-Region schon den Frankfurter Flughafen, den drittgrößten Flughafen Europas und den neuntgrößten der Welt [10], gibt, der nur wenige Kilometer entfernt ist. Somit würde sich ein weiterer Flugbetrieb in der Nähe wirtschaftlich nicht lohnen, da der kleinere neue Flugplatz keinen Gewinn bringen würde. Was jedoch den Ausschlag gab, weshalb die Gemeinde Erlensee diese Vision schnell wieder verwarf, waren die Anwohner bzw. die Bürger: Sie hatten schon lange unter dem Fluglärm gelitten und gründeten eine Bürgerinitiative [11] gegen den Bau eines zivilen Flugplatzes, als dieser vorgestellt wurde. Die Verantwortlichen entschieden deshalb zugunsten der Bürger und beschlossen, den Flugbetrieb auf dem Fliegerhorst nicht zu realisieren.

8.2 Freizeitpark

[12]

Eine weitere mögliche Vision, die zur Nutzung des Fliegerhorsts in Erlensee in betracht gezogen wurde, ist die Errichtung eines riesigen Freizeitparks. Die Lage inmitten von Hessen und am Rande des Rhein-Main-Gebiets erscheint ideal. Die 230 Hektar große Fläche ist bereits erschlossen. Freie Flächen in dieser Größenordnung - und noch dazu in so zentraler Lage - sind äußerst selten.

Bei Nutzung des gesamten vorhandenen Areals würde die Fläche des neuen Freizeitparks sogar den Europapark in Rust übertreffen und somit die größte Freizeitanlage in Europa bilden.

Auch die bereits vorhandene Infrastruktur würde sich positiv auf das Projekt auswirken. Durch die frühere militärische Nutzung sind bereits Strom- und Wasserleitungen vorhanden, ebenso wie Zufahrtswege und eine hervorragende Verkehrsanbindung durch die nahegelegenen Autobahnen. Ein weiterer Vorteil des Standorts ist der bereits vorhanden Gleisanschluss, der sich gegebenenfalls in einen S-Bahn Anschluss umwandeln lässt.

Der geplante Freizeitpark hätte aufgrund seiner großen Fläche enormes Potential in Bezug auf dessen Gestaltung. So standen beispielsweise die Errichtung einer großen Skihalle, zahlreiche Achterbahnen, Reitanlagen und weiter Angebote für alle Altersgruppen im Raum. Ein weiterer Gedanke war der Bau eines Hotelzentrums, um die Freizeitparkgäste auch zu einem längeren Aufenthalt einzuladen. Mit den geschätzten 20.000 Besuchern täglich wäre der Freizeitpark auf dem ehemaligen Gelände des Fliegerhorsts zu einem Aushängeschild der Region und in ganz Deutschland geworden.

Der internationale Investor, von dem lange Zeit gesprochen wurde, hatte eine Summe von 500-800 Millionen Euro [13] in den Raum gestellt, welche in den Freizeitpark investiert werden sollte und von 5000 bis 6000 neuen Arbeitsplätzen gesprochen.

Diese Entwicklung hätte im gesamten Rhein-Main- Gebiet positive Auswirkungen auf die lokale Wirtschaft, aufgrund der zahlreichen Besucher und der steigenden Arbeitsplätze.

Generell lässt sich sagen, dass die wirtschaftliche Bedeutung von Freizeitparks für die deutsche Tourismusbranche immer mehr in den Vordergrund rückt. Freizeitparks leisten einen großen Beitrag zur Anziehungskraft des Tourismusstandortes Deutschland und lösen insbesondere in strukturschwachen Regionen einen wichtigen Impuls für die gesamte wirtschaftliche Nutzung der Region aus, da von ihnen auch die regionale Hotellerie, Gastronomie und der Einzelhandel profitiert.

Viele Kritiker gingen jedoch davon aus, dass das durch so einen Freizeitpark das Verkehrsaufkommen im gesamten Umkreis von dem momentan vorhandenen Verkehrsnetz nicht mehr getragen werden könne und durch den so entstehenden Lärm würde die Region insgesamt sehr viel unattraktiver werden.

Letztendlich scheiterte das Projekt des Freizeitparks in Erlensee jedoch, da kein seriöser Investor vorhanden war, der bereit war, eine so hohe Summe zu zahlen.

8.3 Energiepark

14)

Zuletzt wäre da noch die Vision eines
regenerativen Energieparks: Einerseits würde
so die Vorstellung eines ökologischen
Ausgleichs für den industriellen Standorts
Fliegerhorst von dem Bund für Umwelt und
Naturschutz (BUND), welcher sich in dem
Ausschuss genau um diese Aufgabe kümmert,

verwirklicht werden und letztlich würde der heutzutage politisch äußerst wichtige Aspekt des
Umweltschutzes genauso realisiert werden.

Andererseits würden so mittelfristig die Strompreise in der Region sinken, da Energieparks –
von der Instandhaltung abgesehen – eine einmalige Investition sind und keine knappen
Rohstoffe (Kohle, Erdgas, Atom) dafür eingesetzt werden, sondern nur ständig vorhandene
Güter (Solar-, Wind-, Wasserkraft). Somit würden wir außerdem irgendwann unabhängig von
dem voraussichtlichen Ausgehen der eben genannten Rohstoffe.

Allgemein kann man noch sagen, dass durch den Aufbau von einem Energiepark auf dem
freistehenden Gelände des Fliegerhorstes eine sehr zukunftsorientierte und nachhaltige
Politik betrieben, denn das Klima hat eine direkte Auswirkung auf die Zukunft der Menschheit.
Somit stünde der Gedanke des Fortschritts bei diesem Projekt im Vordergrund. Gerade
dieser Fortschritt fängt nämlich langsam an, sich in den Gehirnen der Verbraucher
einzunisten und oft wird nicht mehr ausschließlich auf den Preis geachtet, sondern ebenso
auf das Prädikat „Bio". Hier entsteht seit einiger Zeit ein riesiger Markt, der nur darauf wartet,
gefüllt zu werden.

Auch die deutschen Politiker haben bereits den klimapolitischen Vorteil, der damit verbunden
ist, erkannt und subventionieren solche umweltbezogenen Ideen mittlerweile sehr stark.
Dieser Aspekt würde den Aufbau eines erneuerbaren Energieparks für einen Investor noch
einmal attraktiver und einfacher zu realisieren machen.

Das einzige, was diesbezüglich hinterfragt werden könnte, ist, ob hier in dieser Region
überhaupt genug dieser „natürlichen Ressourcen" - wie Sonne, Wind und Wasserkraft –
vorhanden sind und somit, ob sich ein regenerativer Energiepark auf dem Gelände des
Fliegerhorstes, bezogen auf die Menge an produziertem Strom, lohnen würde.

Weiterhin wäre der Energiepark mit rund 40 Millionen Euro Aufbaukosten [15] für das gesamte
Gelände die teuerste Vision. Durch die starke Subventionierung vom Staat und die im
Vergleich zu den zu vernachlässigenden Instandhaltungskosten immense Gewinnspanne,
relativieren sich diese Kosten jedoch wieder.

9. Machbarkeitsstudie

Nach vielen Diskussionen, gehalten von den speziell für den Fliegerhorst zusammen getroffenen Ausschüssen, wurde schlussendlich der Entschluss gefasst, eine Firma für Projektmanagement (in diesem Fall Arcadia) zu beauftragen, um herauszufinden, welche der Visionen auf dem Gelände überhaupt realisierbar sind. Die folgende Grafik ist das Resultat. Dem Betrachter fällt wohl zuerst ins Auge, dass für einen Großteil der Fläche (ca. 140ha) noch nichts Näheres geplant ist, der Bund für Umwelt und Naturschutz (BUND) arbeitet jedoch bereits an diversen Nutzungsmöglichkeiten. Es soll auf dieser Fläche nämlich ein „ökologischer Ausgleich" für die etwaige Umweltverschmutzung, die von den Firmen, welche sich auf dem Gelände des Fliegerhorstes ansiedeln wollen, entstehen. Denkbar wäre hier beispielsweise - wie bereits vorgestellt – eine Nutzung dieser Fläche zur Gewinnung regenerativer Energie, die Entstehung eines neuen Stadtteils, eine landwirtschaftliche Nutzung, oder auch eine Begrünung zwecks Eröffnung eines neuen Stadtparks.
Eine weitere abgegrenzte Fläche (links unten), für welche der BUND zuständig ist, soll zur Naherholung und Freizeitbeschäftigung dienen. Möglichkeiten hierzu könnten ein künstlicher Badeteich für Wassersportarten wie Wasserski oder Wakeboarding sein (Es gibt schon 2

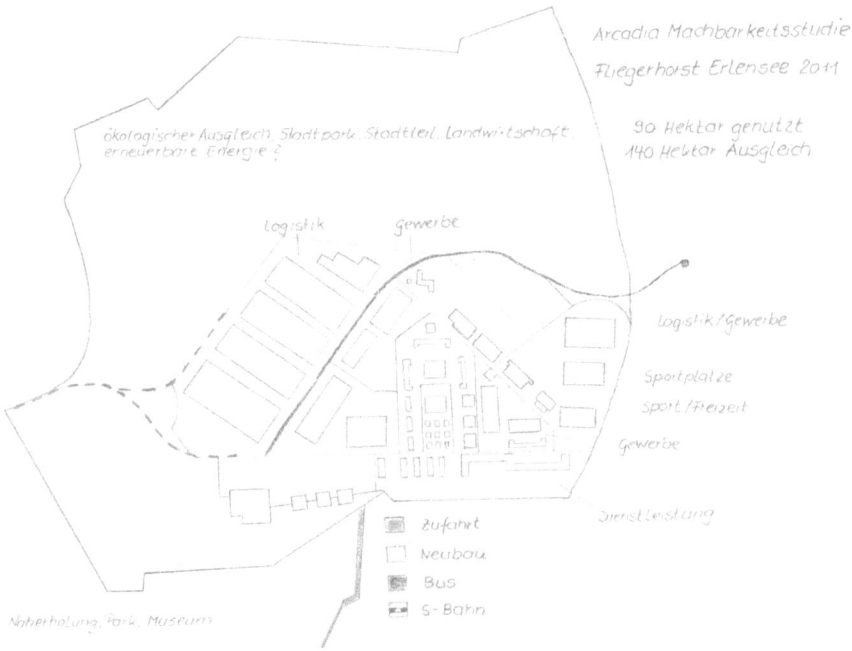

„echte" Badeseen in der Nähe, Birken- und Bärensee), oder auch ein kultureller Bezug durch ein interaktives Museum über die Geschichte des Fliegerhorstes.

Weiterhin ist zu erkennen, dass die bereits vorhandene Infrastruktur des Fliegerhorstes ausgebaut und erweitert werden soll. Beispielsweise soll laut Arcadia der vorhandene Gleisanschluss saniert und an das Schienennetz angeschlossen werden. Zu dem Zwecke soll der Bruchköbeler Bahnhof einen dritten Bahnsteig erhalten, von welchem die Nordmainische S-Bahn zukünftig zwischen Fliegerhorst, Erlensee und Bruchköbel [16] hin- und herfahren soll. Außerdem ist ein Busanschluss und eine Zufahrt direkt von der Autobahn A66 geplant, um logistische Engpässe vorzubeugen.

Gerade mit diesem Punkt lässt sich auch erklären, warum der Fliegerhorst zukünftig von vielen Logistikunternehmen genutzt werden soll. Beispielsweise hat Amazon mit der Erbauung eines Standorts die Schaffung von 2000 Arbeitsplätzen [17] versprochen.

Generell ist noch zu sagen, dass viele Neubauten in der Arcadia Machbarkeitsstudie enthalten sind, viele alte, militärisch genutzte Gebäude sollen jedoch auch bestehen bleiben und nach einer Sanierung für Gewerbe oder Logistik nutzbar gemacht werden.

Zuletzt soll nach der Machbarkeitsstudie noch ein hochmodernes Sportzentrum entstehen, welches für Vereine der Stadt Bruchköbel und Erlensee nutzbar sein soll. Unter anderem sollen hier neue Fußballplätze, Tennis-Courts und ein Leichtathletik-Stadion entstehen.

Zusammenfassend lässt sich also über die Machbarkeitsstudie von Arcadia sagen, dass sie versucht, das riesige Potential des Standorts auszuschöpfen - in wirtschaftlicher sowie gesellschaftlicher Hinsicht. Mit diesem Plan können alle Teilnehmer – IHK, BUND, Abgeordnete – ziemlich zufrieden sein. Der Verabschiedung dieses Bauvorhabens von den Ausschüssen steht nunmehr also nichts mehr im Weg.

10. Fazit

Man kann nun damit schließen, dass der Standort Fliegerhorst sehr viele Möglichkeiten bietet, genutzt zu werden. Weder eine wirtschaftliche Nutzung, noch eine ökologische konnte im Voraus ausgeschlossen werden und nun werden laut der Machbarkeitsstudie von Arcadia wohl sogar beide Möglichkeiten auf dem Gelände realisiert. Ob diese Nutzung optimal ist, steht in den Sternen und es wird sich wohl erst noch zeigen, was für einen starken wirtschaftlichen Einfluss diese Konversion ausüben wird.

Allgemein ist aber noch zu sagen, dass dieser Standort bereits heutzutage von Investoren als „Goldmine" angesehen wird und durch die ausgezeichnete infrastrukturelle Anbindung kann dieser Standort in naher Zukunft zu einem logistischem „Hotspot" avancieren.

Gerade diese Anbindung hat viele Logistikunternehmen dazu verleitet, sich so schnell wie möglich ein Stück von diesem Kuchen zu sichern und auch Unternehmen mit gewerblichem Interesse haben nicht lange gezaudert, ein Stück Land zu kaufen, nachdem die Machbarkeitsstudie veröffentlicht war.

Aber wieso musste diese Machbarkeitsstudie so lange warten, was hat das ganze Unternehmen zum stocken gebracht? Die Antwort wurde schon oft in dieser Ausarbeitung angesprochen und liegt nun auf der Hand: Lange Zeit waren die Investoren nicht bereit, die Kosten für die Sanierung des Geländes zu übernehmen – seien es Blindgänger oder auch ausgelaufene Öle. Letztendlich hat sich aber der Staat dazu entschieden, einen Großteil der so entstehenden Kosten zu decken und das Vorhaben nahm wieder Form an.

Wieso kam es jedoch überhaupt zu diesen Verschmutzungen?

Nach dem Abzug der Amerikaner lag das Land, auf dem früher ein aktiver, militärisch genutzter Flugplatz lag, brach und war - durch die jahrelange militärische Nutzung – stark verschmutzt. Die Amerikaner hielten es jedoch nicht für nötig, die Kosten für die Reinigung zu übernehmen und auch von deutscher Seite wurden keine Anstalten gemacht, Schadensersatzforderungen geltend zu machen. Folglich wurden so Bauvorhaben von diversen anderen Gemeinden zerstört, weil sie das nötige Geld einfach nicht aufbringen konnten.

Die Frage, die wir hierzu in den Raum stellen möchten, ist, ob der Fakt, dass die Amerikaner uns im zweiten Weltkrieg gerettet haben, sie dazu berechtigt, auf deutschem Gelände ihren Müll zu hinterlassen, so Schäden in dreistelliger Millionenhöhe entstehen zu lassen und die regionale Wirtschaft nachhaltig zu belasten.

11. Quellen

Bildquellen / einzelne Fakten

1)
Bild: http://www.cdu-erlensee.de/image/inhalte/file/dok_fliegerhorst_beier_vortrag_2008-08-25.pdf

2)
Bild: http://de.wikipedia.org/w/index.php?title=Datei%3AKarte_Metropolregionen.svg&filetimestamp=20100803171859

3)
http://de.wikipedia.org/wiki/Frankfurt_am_Main (2012)

4)
Bild: http://img.webme.com/pic/d/der-weltkrieg-war-vor-deiner-tuer/erlensee_schraegluft.jpg

5)
Bild: http://img.webme.com/pic/d/der-weltkrieg-war-vor-deiner-tuer/flieg_langend_bunker.jpg

6)
http://www.der-weltkrieg-war-vor-deiner-tuer.de.tl/Erlensee_Langendiebach.htm (2007)

7)
http://www.fliegerhorste.de/where.htm (2010)

8)
Bild: http://www.fr-online.de/image/view/3251238,1733174,highRes,maxh,480,maxw,480,Fliegerhorst%2B%252528media_591801%252529.jpg

9)
http://www.ndr.de/regional/mecklenburg-vorpommern/trollenhagen105.html (2011)

10)
http://de.wikipedia.org/wiki/Liste_der_gr%C3%B6%C3%9Ften_Verkehrsflugh%C3%A4fen (2012)

11)
http://www.fluglaerm-erlensee.de/ (2012)

12)
Bild: http://www.n24.de/media/_fotos/7reise/september_14/park_gr.jpg

13)
http://hanau.eins.de/articles/708142-lokales-riessiger-freizeitpark-in-erlensee (2009)

14)
Bild: http://www.klima-sucht-schutz.de/uploads/pics/web_windraeder_07.jpg

15)
http://www.hero-hessen.de/downloads/vortraege_veranstaltungen/HeRo_Hessentagsforum_2010/Microsoft%20PowerPoint%20-
%20Referat_Hinz310510_160610%20%5BKompatibilit%C3%A4tsmodus%5D.pdf (2010)

16)
http://www.wj-hanau.de/aktuelles-vom-fliegerhorst-in-erlensee-1416/allgemein/ (2010)

17)
http://www.fr-online.de/hanau/fliegerhorst-erlensee-geruechte-um-amazon,1472866,11338212.html (2011)

11. Quellen
Allgemeine Quellen

❖ http://www.der-weltkrieg-war-vor-deiner-tuer.de.tl/Erlensee_Langendiebach.htm (2011)
❖ http://www.faz.net/aktuell/rhein-main/region/erlenseee-einstiger-fliegerhorst-als-logistik-zentrum-1592170.html (2010)
❖ http://www.cdu-erlensee.de/image/inhalte/file/dok_fliegerhorst_beier_vortrag_2008-08-25.pdf (2011)
❖ http://www.fr-online.de/hanau/ehemaliger-fliegerhorst-erlensee-branchenmix-ist-favorit,1472866,2882720.html (2010)
❖ http://www.bruchkoebel.de/fileadmin/daten/gruppen/Aktuelles/Marketing/080929_Flieger horst_4seiter_A4.pdf (2010)
❖ www.wirtschaftsfoerderung-erlensee.de/wirtschaftsfoerderung,fliegerhorst.html (2009)
❖ http://de.wikipedia.org/wiki/Konversion (2012)
❖ http://www.main-netz.de/nachrichten/region/hanau-offenbach/hanau-offenbach/art11879,882401 (2009)
❖ http://www.fr-online.de/hanau/erlensee-bruchkoebel-logistik-an-der-landebahn,1472866,4439078.html (2010)
❖ http://www.bundesimmobilien.de/3588613/Konversion_hanau.pdf (2010)
❖ http://www.logistik-heute.de/Logistik-News-Logistik-Nachrichten/Markt-News/7541/Ex-US-Fliegerhorst-Erlensee-soll-Logistikzentrum-werden-Logistik-ohne-Blindga (2010)
❖ Buchners Kompendium Politik (Ausgabe C)
❖ Der Brockhaus in einem Band